Hans Drawe

Der englische Pass

Stück

Verlag und Druck:
tredition GmbH, Halenreie 40-44, 22359 Hamburg

ISBN
Paperback: 978-3-347-17555-6
Hardcover: 978-3-347-17556-3

Für Horst Ruprecht

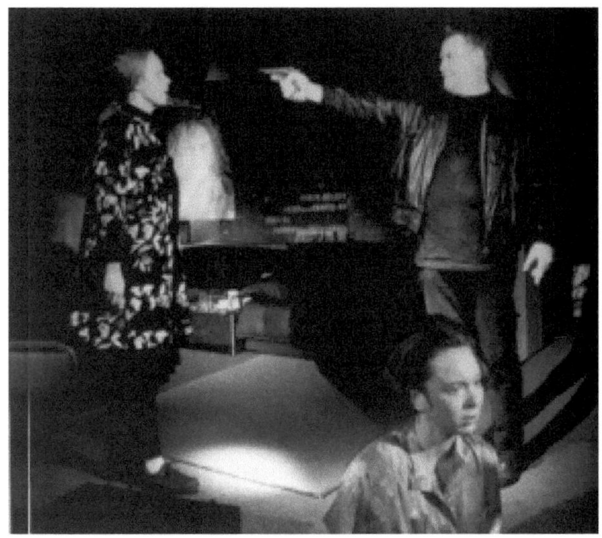

Das Stück wurde im November 1999 an der Werkstatt-Bühne in Ingolstadt unter der Regie von Horst Ruprecht uraufgeführt. Marlise Fischer (Alma), Friedrich Schilha (Basilius) und Caroline Wesner (Kitty).

Im Jahr 2000 erhielt es den Hauptpreis der Bayrischen Theatertage und von einer erstmals ausgewählten 20-köpfigen Jugendjury den Gummibärchenpreis.

* Das Gedicht *Lass diesen Traum* stammt von César Vallejo.

Das Stück ist eine Fiktion

Personen:

Basilius Schmitt (Mitte 50)

Alma (Mitte 50)

Kitty (28)

Ein Atelier im 49. Stock der Fifth Avenue in New York. Riesige Fenster, durch die man die Skyline von Manhattan sieht.

Überall stehen Ölbilder herum. Manche dem Betrachter zugewandt, andere umgedreht und an hohe Bücherregale gelehnt, die mit Büchern vollgestopft sind. Am Bücherregal eine Leiter, die am Abschluss des Regals an einer Gleitschiene läuft. Außerdem ebenerdig mehrere Schubladen.

Links eine bequeme Couch, zwei Clubsessel, ein kleiner Couchtisch.

Auf der Couch und den Sesseln verschiedene achtlos hingeworfene Kleidungsstücke.

Daneben eine Tür, die zur Toilette führt.

Rechts, an den Fenstern, eine Staffelei, auf der ein unfertiges Ölbild steht: das Porträt eines jungen Mädchens (Kitty).

An der Wand vorn rechts, jedoch für den Zuschauer gut sichtbar, ein Selbstporträt von Alma in noch jungen Jahren. Daneben ein Foto, das aus der gleichen Zeit stammt und sie glücklich lächelnd mit einem Buch in der Hand zeigt.

Seitdem sind viele Jahre vergangen. Alma ist nun vierundfünfzig. Das Leben hat seine Spuren in ihrem Gesicht hinterlassen. Sie wirkt alt, verbraucht, auch ein bisschen schlampig.

Sie hustet öfter, wenn sie raucht.

Ebenfalls rechts führt eine Tür zum Flur und zur Haustür.

Alma steht an der Staffelei und malt an Kittys Porträt. Dabei hört sie aus einem blechern klingenden Radio den letzten Satz von Schumanns Cellokonzert.

Nach kurzer Zeit legt sie den Pinsel weg, betrachtet das Porträt eine Weile kritisch, zündet sich eine Zigarette an und hustet.

Alma geht ans Fenster, sieht einen kurzen Augenblick hinaus

Dieses Wetter! Regen. Regen. Regen. Langweilig und deprimierend. *Pause. Fasst sich ans Schultergelenk des rechten Arms.* Wenn nur nicht dauernd diese Schmerzen... Wenn das so weitergeht, kann ich bald den Pinsel nicht mehr halten. *Sie nimmt den Pinsel wieder auf, tupft ganz zart Weiß unter das rechte Auge, geht dann ein Stück zurück und testet die Wirkung.* Ja, schon besser. *Nimmt mit einem Lappen wieder etwas weiße Farbe weg. Betrachtet die Wirkung. Das Telefon klingelt. Alma schreckt auf, wartet einen kurzen Augenblick, geht dann zum Telefon und nimmt ab. Amerikanisch* Hallo? *Versteht nicht richtig* Who is speaking? *Erfreut* Ah, yes, Bernhard. What's the matter? *Lacht kurz* All-right. *Hört einen Augenblick zu* Hm...hm...yes. Shure. *Hört einen Augenblick zu* Hm...yeah...Yes, okay... *Hört einen Augenblick zu* Okay. At the White House? *Nickt mehrmals* Yeah ... hm... hm... Yes. Yes, I'm gonna be at the demonstration. - Eleven o'clock at Central Station? *Hört einen Augenblick zu* Okay. *Hört einen Augenblick zu* Hm...hm...good... Yes. *Hört*

einen Augenblick zu, lacht dann kurz Be careful, Bernhard.
Hm...yeah.... *Lacht kurz* Yes. *Hört einen Augenblick zu*
Okay. Bye, Bernhard. *Sie legt auf, atmet dann tief durch.*
Das hat mir grade noch gefehlt! Ausgerechnet jetzt, wo ich
mitten in der Arbeit... *Es klingelt an der Wohnungstür.
Alma erschrickt.* Nanu?! *Sie legt Pinsel und Palette weg,
schaltet das Radio aus und geht zur Sprechanlage, die sich
direkt an der Tür zum Flur befindet und für den Zuschauer
gut sichtbar ist. Amerikanisch* Hallo?

Basilius *Sprechanlage*

Ich bin's. Basilius.

Alma stutzt, ist perplex.

Basilius *Sprechanlage*

Hallo?!

Alma

Wer ist da?

Basilius *Sprechanlage*

Basilius Schmitt aus East-Germany.

*Alma kann kaum glauben, was sie hört, zögert einen
Augenblick.*

Alma

East-Germany?

Basilius

Darf ich hochkommen?

Alma

Mein Gott.

Basilius

Sag bloß, du willst mich gar nicht reinlassen?

Alma

Ja, ja, natürlich. Entschuldige ... Aber damit hab' ich nun wirklich nicht gerechnet ... *Sie drückt auf den Türöffner.* Neunundvierzigster Stock. Vom Aufzug links, dritte Tür.

Basilius *Sprechanlage*

Aufzug links, dritte Tür. Okay!

Alma steht einen Augenblick wie erstarrt, besinnt sich dann aber, nimmt rasch einige Kleidungsstücke von der Couch und den Clubsesseln und geht rechts ab in den Flur. Die Bühne ist kurzzeitig leer. Dann kommt Alma wieder und streicht sich mit beiden Händen durchs Haar.

Alma

Ich bin ja überhaupt nicht .... *Sie geht links zur Toilette, lässt die Tür offen. Man hört Geklapper von Parfümflaschen, Spraygeräusch et cetera. Nach einer Weile klingelt es an der Wohnungstür. Alma ruft im Off Ja,* ich komme, ich komme! *Kurz darauf hetzt sie über die Bühne; hat das Haar flüchtig gekämmt und Rouge aufgelegt. Schließt im Off die Wohnungstür auf.*

Alma *off*

Hallo! Na, was für eine Überraschung! *Kurze Pause* You're welcome! Ich bin jetzt natürlich überhaupt nicht vorbereitet.

Basilius *off*

Dann wäre es ja auch keine Überraschung gewesen.

Alma *off*

Ja, das stimmt natürlich. - Willst du deine Tasche nicht abstellen?

Basilius *off*

Nein, die behalte ich lieber bei mir.

Alma *off*

Wie du möchtest. Also ... das ist ja wirklich ... Damit hab' ich nun wirklich nicht...

Basilius *off*

War auch gar nicht so einfach, dich zu finden in dieser riesigen Stadt. Zumal du ja auch gar nicht im Telefonbuch stehst. Aber jetzt hab' ich dich ja gefunden. Nach so vielen Jahren.

Beide betreten das Wohnzimmer. Basilius Schmitt ist zweiundfünfzig Jahre alt, etwa einen Meter sechsundachtzig groß, schlank, hat ein hartes, energisches Gesicht und hinkt leicht auf dem rechten Bein. Er trägt Jeans, Lederjacke und weiße Handschuhe. Wer ihn genauer betrachtet, spürt sofort, dass dieser Mann einiges durchgemacht hat.

Basilius

Hier wohnst du jetzt also. Alle Achtung!

Er stellt seine Tasche neben der Couch ab, geht dann zum Fenster. Alma beobachtet ihn, bemerkt wohl erst jetzt, dass er hinkt. Sie weiß nicht, ob sie sich freuen oder fürchten soll. Sie lächelt. Doch ihr Blick ist lauernd.

Alma

Was möchtest du denn trinken? Kognak, Kaffee, Wein? Du kannst auch ein Bier haben, wenn du willst...

Basilius

Danke, das ist nett, aber mit morgens Alkohol ist's schon lange vorbei. - Erinnerst du dich, wie wir manchmal nach dem Frühstück im *Café Corso* die Kognaks abgekippt haben?

Alma

Natürlich! Einmal sind wir ja völlig besoffen zur Vorlesung bei...

Basilius

Und du hast mir mitten im Vortrag auf meine Gedichte
gekotzt, weißt du noch?

Alma

Das tut mir heute noch leid ... Die schönen Gedichte.

Basilius

Und einmal hat die verrückte Tölsch im Tran sogar einen
Stuhl aus dem Café mitgenommen.

Alma

Jaaa! Und die Polizei kam. Was für ein Skandal! *Kurze
Pause* Was ist denn eigentlich aus ihr geworden?

Basilius

Tot.

Alma

Tot...?

Basilius

Angeblich Herzversagen.

Alma

Angeblich?

Kurze Pause

Basilius

In Bautzen.

Alma

Mein Gott! Das ist ja furchtbar.

Basilius

Ja, das ist furchtbar. Sie war erst fünfunddreißig.

Alma

Fünfunddreißig!

Kurze Pause

Basilius

Tot ist tot.

Alma

Na hör' mal...

Basilius

Tot ist tot. Mir hätt' es ja genauso gehen können. Ich bin nur ein bisschen widerstandsfähiger gewesen. Das ist alles. - *Längere Pause.* Entschuldige, aber ein Kaffee täte mir jetzt wirklich gut.

Alma

Ja, ja, natürlich. Ich hatte mir auch grade einen gemacht.

Sie geht nach rechts zum Flur in die Küche. Die Tür bleibt offen. Längere Pause. Basilius starrt zur Flurtür, scheint nachzudenken. Dann öffnet er leise einige Schubladen, durchsucht sie, findet den englischen Pass, betrachtet ihn.

Basilius

Für sich Der englische Pass. *Ruft* Also dieser Blick von hier oben! Auf den Hudson-River bis nach New Jersey rüber.

Alma

Ja, der hat mich damals auch begeistert, als ich die Wohnung gekauft habe.

Basilius

Wirklich schön hier. Sowas hätte ich mir auch gewünscht. *Er hat den Pass wieder zurückgelegt, kramt weiter in den Schubladen herum. Findet ein Bündel Dollars, legt sie zurück, entdeckt eine Pistole, nimmt während des Gesprächs das Magazin heraus und steckt es in die Jackentasche.* Wie lange wohnst du denn schon hier?

Alma

Fünfzehn Jahre.

Basilius

Fünfzehn Jahre?!

Alma

Fast ein Viertel meines Lebens.

Er legt die Pistole in die Schublade zurück.

Basilius

Schöne Bilder. Wusste gar nicht, dass du malen kannst.

Alma

Das hab' ich damals in Leipzig auch noch nicht gewusst.

Basilius *betrachtet Kittys Porträt*

Hübsches Mädchen. - Hat sehr viel Ähnlichkeit mit dir.

Alma

Das ist Kitty, meine Tochter. - Was schreibst du denn im Augenblick?

Basilius

Seit dem Knast nichts mehr.

Kurze Pause

Alma

Aber die müssten doch gerade jetzt... deine Sachen von früher.

Basilius

Gerade jetzt interessiert das kein Schwein mehr, was damals wie gewesen ist.

Alma kommt mit einem Tablett herein.

Alma

Schade. Ich hab' deine Gedichte sehr gemocht.

Basilius

Tatsächlich?

Alma

Na, hör mal, das weißt du doch! *Pause* Also, dass das alles auf einmal so radikal zusammengebrochen ist. Mauer weg, alles weg, das hätt' ich wirklich nicht für möglich gehalten...

Basilius

Tja. - Und was dabei so alles an den Tag gekommen ist...

Alma

An den Tag gekommen? - Was meinst du?

Basilius

Die ganzen Schiebungen. Waffengeschäfte. Verkäufe von Kunstschätzen. Menschenhandel. Ablösesummen für politische Gefangene und so weiter... Hast du das denn nicht gelesen?

Alma

Ja, schon, gelegentlich, wenn ich eine deutsche Zeitung bekommen habe. Aber das ist ja hier alles so weit weg, und man ist auch mit anderen Problemen konfrontiert... Die Zeit rast nur so, je älter man wird. Und ständig muss man zuseh'n, dass man seine eigenen Sachen auf die Reihe bekommt.

Basilius

Ja, ja, natürlich, klar...

Pause. Basilius trinkt Kaffee. Alma beobachtet ihn.

Alma

Und wovon lebst du jetzt?

Basilius

Ich hatte Glück.

Alma

Glück?

Basilius

Geerbt. In Castorp-Rauxel. Von meinem Onkel mütterlicherseits.

Alma

Geerbt? Na, das ist ja... Wie schön für dich! - Und gleich so viel, dass du davon leben kannst?

Basilius

Ein Mietshaus.

Alma

Gratuliere.

Basilius

Dazu brauchst du mir nun wirklich nicht zu gratulieren. Ich hab' es ja nur geerbt...

Alma

Du und Mietshausbesitzer... *Kurze Pause* Und privat? Ich meine...

Basilius

Geschieden. Nach unserer Sache damals... Dann der Knast...

Kurze Pause

Alma

Das tut mir leid.

Basilius

Wirklich?

Alma

Ja, sag' mal, was ist denn los mit dir? Das war damals ja nur eine kurze Affäre mit uns... eine Art...

Basilius

Für mich nicht.

Alma

Nun hör' aber auf. - Du wusstest ganz genau, dass ich mit einem Engländer verheiratet bin, Kinder habe. Und nach dem Studium in den Westen gehe...

Basilius

Trotzdem. Ich habe dich geliebt, damals. Sehr geliebt. Bis zum Wahnsinn geliebt. Nach dir war jede andere Frau für mich...

Alma

Ja, es war doch irgendwie eine schöne Zeit. Vielleicht auch, weil wir so jung gewesen sind, unbekümmert, voller Ideale, Hoffnungen...

Basilius

Bei dir hat sich die Hoffnung ja erfüllt.

Alma

Sie hätte sich aber ebenso gut nicht erfüllen können.

Basilius

Wie bei mir.

Alma

Du hattest durchaus das Zeug in dir, ein guter Lyriker zu werden.

Basilius

Der Knast hat mir die Lyrik ausgetrieben.

Pause

Alma

Das tut mir leid.

Basilius

Nein, das braucht dir überhaupt nicht leidzutun.

Alma

Tut es mir aber!

Basilius

Leben deine Eltern eigentlich noch?

Alma

Nein. Beide tot.

Basilius

Vor der Mauer oder danach?

Alma

Vor. - Nachdem mein Vater aus dem Knast gekommen war, sind beide kurz nacheinander gestorben.

Basilius

Dein Vater war im Knast?

Alma

Zwei Jahre.

Basilius

Aber der war doch so ein Hundertprozentiger... Kommunist, Antifaschist, Held der Arbeit...

Kurze Pause. Alma ist das Gespräch unangenehm.

Basilius scheint es Vergnügen zu bereiten.

Alma

Und? Er war ja immer so aufbrausend, cholerisch. Unvorsichtig. Hat bei einer Versammlung den Parteisekretär geohrfeigt.

Basilius

Und warum?

Alma

Keine Ahnung. Meine Mutter hat mir nie etwas geschrieben. Wahrscheinlich aus Angst. Weil sie ja auch die Briefe kontrolliert... aber das weißt du ja.

Pause. Alma steht auf, geht zu einem Fach am Bücherregal, nimmt eine Flasche Kognak und Gläser heraus. Darüber das Gespräch.

Alma *gießt sich Kognak ein*

Willst du auch einen?

Basilius

Nein. Vielen Dank. Wenn ich erstmal anfange, dann...

Alma

Wieso, hast du etwa...

Basilius

Probleme, ja. Auch eine Folgeerscheinung vom Knast. Danach war ich fast ein ganzes Jahr lang besoffen.

Kurze Pause

Alma *off*

Machst du hier eigentlich Urlaub?

Basilius

Nein, ich wollte dich wiedersehen.

Alma

Mich?

Basilius

Ja, dich.

Alma

Das soll ich dir glauben?

Basilius sieht auf ihr großes Foto an der Wand. Alma folgt seinem Blick.

Basilius

Genauso hab' ich dich im Knast immer vor mir gesehen.

Alma

Auch da?

Basilius

Gerade da. Ich hab' deine Stimme gehört. Manchmal auch in Gedanken deine Gedichte gesprochen.

Alma

Meine Gedichte?

Basilius

Ach, das ferne Land,

wo vom Schimmer der Seen

die Hügel warm sind...

Alma

Das weißt du noch? Das hab' ich ja vor zwanzig Jahren geschrieben.

Basilius *zitiert*

So fallen die Tage,

bis der Ast am Himmel steht,

auf dem die Vögel einruhn

nach langem Flug.

Alma

Auf dein Wohl. Auf dein Hiersein. Auf deine Zukunft.

Basilius

Ich danke dir. Aber meine Zukunft hab' ich hinter mir.

Alma

Mir ist das alles so...

Basilius

Unangenehm?

Alma

Nein, nein, das ist das falsche Wort. Ich weiß ja überhaupt nicht... bin völlig durcheinander. Das ist alles so... unbeschreiblich. Unglaublich.

Basilius

Was mich wundert, ist...

Alma

Ja?

Basilius

...dass sie dich damals so mir nichts, dir nichts nach England haben ausreisen lassen.

Alma

Wieso? Das war doch ganz normal, wenn man einen Ausländer geheiratet hatte...

Basilius

Manche durften trotzdem nicht... Oder es hat ziemliche Komplikationen gegeben.

Alma

Jack war Maschinenbauingenieur. Damals lief ein großes Handelsabkommen mit seiner Firma, und da wollten sie wohl nicht, dass es zu irgendwelchen Spannungen kommt... wollten wohl... als... demokratisches Land...

Basilius

Ja, das ist natürlich möglich...

Alma

Hör mal, du sagst das so...

Basilius

Als wenn ich dir nicht glaubte?

Alma

Ja, als wenn du mir nicht glaubtest.

Basilius

Immerhin hattest du doch im *Roten Kloster* Journalismus
studiert, bist Journalistin gewesen...

Alma

Ja und?

Basilius

Haben sie denn nie eine Gegenleistung...? Ich meine... Das
haben sie doch bei allen versucht...

Alma

Jetzt hör' aber auf, ja!

Basilius

Wann bist du denn damals weg nach New York?

Alma

Achtzig.

Basilius

Achtzig?

Alma

Wieso?

Basilius

Achtzig hab' ich Kohlen geschippt.

Alma

Kohlen geschippt?

Basilius

Im Krematorium. Lehrer war nach dem Knast nicht mehr drin. - Das Schlimme war, dass ich nicht mal meinen Sohn sehen durfte.

Alma

Waaas?

Basilius

Schädlicher Einfluss und so weiter. - Hatte meine Frau durchgesetzt.

Alma

Schweine.

Telefon klingelt.

Alma

Das könnte Kitty sein.

Sie springt auf, geht rasch ans Telefon.

Alma *amerikanisch*

Hallo? Aaaah! Jane. Yeah. *Hört einen Augenblick zu* Really? Oh, that's great! *Hört einen Augenblick zu* Marvellous! *Hört einen Augenblick zu* What time? *Hört einen Augenblick zu* Okay, yes. Thursday, eleven o'clock in your gallery. *Hört einen Augenblick zu* He only wants the portrait or the other pictures, too *Hört einen Augenblick zu* Yes. Fine. *Hört einen Augenblick zu* Okay, I'll be there in time. *Lacht kurz* Okay. Yes. Thanks. Bye, Jane. *Legt auf*

Alma

Jane, meine Galeristin. Hat einen Käufer, irgendeinen Ölscheich, der ein Porträt und eine ganze Serie Landschaften kaufen will.

Basilius

Scheinst ja gut im Geschäft zu sein...

Alma

Ich kann mich wirklich nicht beklagen. Ich male mehr, als ich schreibe. Aber mit Lyrik und Erzählungen, du weißt ja, wie das ist...

Basilius sieht ein anderes Bild an.

Alma

Das ist Mac Pherson. Danach werde ich häufig gefragt. Es war eines meiner ersten Porträts hier in New York. Ich hab' fast ein halbes Jahr daran gearbeitet.

Basilius

Ziemlich harter Typ.

Alma

Pilot. Vietnam. Einmal hat er mich sogar mit dem Messer bedroht, weil er glaubte, dass ich ein Verhältnis mit einem... Wir sind nur ein paar Monate zusammen gewesen.

Basilius

Und seitdem bist du in der Friedensbewegung?

Alma

Ja.

Basilius

Ich hab' dich in Deutschland zweimal in den Nachrichten gesehen. - Und nun wirst du für deine *Stewards* sogar den American Award bekommen.

Alma

Was bedeutet das schon?

Basilius

Immerhin. Du hast es geschafft.

Alma

Geschafft! Du weißt doch, wie das ist. Man schreibt, gibt sein Bestes...

Basilius

...und bekommt eines Tages einen bedeutenden Preis.

Basilius zieht seine Handschuhe aus, betrachtet seine zerquetschten Daumen. Alma weiß nicht, was sie davon halten soll.

Basilius

Daumenschrauben. - Hast du solche Dinger schon mal gesehen?

Alma

Im Museum.

Basilius

Daumenschrauben! Damit ich mich ständig an sie erinnere. Damit ich immer, wenn ich einen Griffel in die Hand nehme, an ihre Worte denke. Ich hatte mir geschworen, diese Typen umzulegen, wenn ich wieder draußen bin. Aber... sie sind weg, wie vom Erdboden verschwunden. Ich hab' ein halbes Jahr lang die Umgebung von Bautzen abgesucht...

Alma

Du hast ein halbes Jahr lang...

Basilius

Mit einer Wumme in der Tasche...

Alma

Einer Wumme in der Tasche?

Basilius

Sag bloß, du kennst den Ausdruck nicht?

Alma

Doch, doch... Ich meine nur...

Basilius

Was?

Alma

...da wärst du doch gleich wieder...

Basilius

Der Gedanke an Rache hat mich im Knast aufrechterhalten. Du tust ihnen genau das an, was sie dir angetan haben, hab' ich gedacht. Immer wieder habe ich mir vorgestellt, wie ich sie quäle, wie ich ihnen die Daumenschrauben ansetze, dann mit der Zigarette die Haut verbrenne, bis sie nahe am Wahnsinn sind. Ja, das hat mich stark gemacht, damals. Hart. Dass ich sie eines Tages quäle, genauso quäle, wie sie mich gequält haben, verstehst du?

Alma

Aber Gleiches mit Gleichem zu vergelten, das ist doch...

Basilius

Es ist ja nur bei der Phantasie geblieben. - Wer weiß, wie du an meiner Stelle reagiert hättest, wenn sie dir Daumenschrauben angesetzt, ihre Zigaretten auf deiner Haut ausgedrückt hätten. - Was meinst du?

Alma

Entschuldige.

Sie steht auf, geht zur Toilette. Basilius betrachtet Kittys und Almas Porträt. Er zündet sich eine Zigarette an. Kurz darauf hört man die Spülung. Alma kommt zurück.

Alma

Das ist ja wirklich furchtbar, was du durchgemacht haben musst. Wozu doch Menschen fähig sind.

Basilius

Du darfst nicht vergessen, dass ich ein Feind war, ein Staatsfeind, einer, der die sozialistische Ordnung unterminierte, die Beglückung der Menschheit gefährdete.

Alma

Mein Gott, das ist ja unvorstellbar. Unvorstellbar!

Basilius

Nein, alles ist vorstellbar. Grundsätzlich alles.

Pause. Basilius drückt seine Zigarette aus, steht dann auf.

Basilius

Der Kaffee treibt. *Weist auf die Toilette.* Darf ich...?

Alma

Ja, ja, natürlich... bitte.

Alma springt auf, öffnet seine Tasche, durchsucht sie und zieht Daumenschrauben heraus.

Alma

Mein Gott! *Spülung. Alma verstaut die Daumenschrauben wieder in der Tasche, versucht, sie zu schließen, was ihr nicht gelingt.* Geh doch zu, verdammt!

Schritte. Alma wirft sich in den Sessel.

Basilius

Wenn ich bedenke, wie naiv ich damals ans Institut...

Alma

Warum bist du hierhergekommen? Was willst du wirklich?! Sag' es mir endlich!

Pause. Basilius setzt sich.

Basilius

Wie hast du es fertiggebracht, mir damals, beim Abschied, als du nach Paris aufgebrochen bist, auf dem Bahnhof in Leipzig in die Augen zu sehen?! Ich begreife es nicht! Verstehe es nicht, wie ein Mensch, einen anderen Menschen, so ansehen kann, nein, so liebevoll ansehen kann, obwohl er weiß, dass er ihn verraten hat?

Alma *schreit*

Schweig! Schweig!

Basilius gießt sich Kognak ein.

Alma

Nein, tu es nicht, tu es nicht!

Basilius

Das ist ja geradezu rührend.

Er schüttet den Kognak in sich hinein.

Basilius

Das tut gut nach all den Jahren, das tut gut. - Neunzehnter Januar 1995! Ein Donnerstag. Ein regnerischer Tag. Mein Schicksalstag. Ein Tag, der mein Leben, mein Vertrauen in die Menschen, vollends zerstört hat. Auch du solltest ihn dir merken, diesen Gauck-Tag. – Sag' mir, wie es ein Mensch fertigbringt, die Chuzpe aufbringt, mit dieser Schuld zu leben, zu schreiben, zu malen, sich zu amüsieren, auf Friedenskongressen aufzutreten und Reden zu halten. Ich fass' es nicht, kapier' es nicht. Kapier es einfach nicht.

Alma

Weil die Realität komplizierter ist... Manchmal muss man Entscheidungen treffen, durch die man Schuld auf sich lädt...

Basilius lächelt.

Basilius

Die Umstände waren schuld! - Selbst für die, die gequält und gefoltert haben, gibt es noch eine Ausrede. Und wenn es nur der Glaube an die gute Sache war, für die sie gefoltert und gemordet haben. Alle sind irgendwie Opfer, waren verführt, verblendet, wollten eigentlich nur das Gute - Menschlichkeit! Wirklich rührend. Rührend auch, wie sich diese angeblichen Opfer in Talk-Shows verkaufen, Geld einsacken, den Ahnungslosen Sand in die Augen streuen, sich mit den fadenscheinigsten Argumenten rein zu waschen versuchen und plötzlich wieder oben schwimmen, als wäre nichts gewesen. Alles nur ein Versehen. Missverständnisse. Alle Opfer der Verhältnisse. Ja, wirklich rührend. Nur nicht für die, die fünf, zehn oder mehr Jahre in Bautzen gesessen haben und im Namen der Menschlichkeit, im Namen einer menschenwürdigeren Gesellschaft, systematisch fertig gemacht oder ausgemerzt wurden. Nein, für die klingen diese Geschichten gar nicht so rührend. - Sie haben im Namen der Menschlichkeit junge Männer, die lediglich einen politischen Witz erzählt haben, zu Krüppeln gefoltert. Manchmal auch zu Tode. Auch die Tölsch haben sie aller Wahrscheinlichkeit nach, auf Grund deiner Aussage, zu Tode gefoltert.

Alma

Mein Gott.

Basilius

Ja, auch die Tölsch, deine beste Freundin, hast du auf dem Gewissen.

Alma *springt auf, schreit*

Schluss jetzt! Schluss! - Sieh dir mein Bild an. Sieh es dir an! Kitty. Sie ist jetzt Anfang dreißig. Damals war sie vier, als sie mich vorluden.

Alma geht ans Fenster.

Alma

Ich wusste, dass mich diese Vergangenheit eines Tages einholen würde. Eigentlich habe ich die letzten Jahre nur noch in Angst gelebt. Panischer Angst. Alpträume gehabt. Und habe wie eine Besessene gemalt und geschrieben, um zu vergessen, endlich zu vergessen, was mir mitunter auch gelang, bis die Mauer fiel. Ihre eigentlichen Gemeinheiten haben sie nicht vermerkt; ihre subtilen psychologischen Druckmittel. *Sie weist auf Kittys Porträt* Durch Kitty hatten sie mich in der Hand.

Basilius

Kitty hat meistens bei ihrem Vater in London gelebt.

Alma *sucht verzweifelt nach Argumenten*

London! Eine Flugstunde. Was ist das schon? Außerdem hatten sie da auch ihre Leute. Sie hatten überall ihre Leute. Überall ihre Krakenarme. Das weißt du doch genauso gut wie ich. - Aber, was rede ich?! Du wirst mir sowieso nicht glauben, weil du mir nicht glauben willst, nicht mehr glauben kannst. Deswegen lass es uns hinter uns bringen: Nimm Rache, wie du es dir vorgenommen hast.

Alma geht auf Basilius zu, setzt sich, hält ihm ihre Daumen hin.

Alma

Fang an! *Schreit* Fang' endlich an!

Das Telefon klingelt. Alma bleibt sitzen, hat ihre Daumen noch immer vorgestreckt.

Basilius

Willst du nicht rangehen?

Alma

Warum? Es ist doch sowieso belanglos.

Das Telefon klingelt.

Alma

Los, fang' schon an. Je eher, desto besser.

Das Telefon klingelt. Alma lässt die Hände sinken, sieht zum Telefon. Dann das klickende Geräusch des Anrufbeantworters.

Alma *Anrufbeantworter*

Hallo! Number seven, three, four, six, five, four, six.

Please, leave your message and I'm gonna call you back as soon as possible.

Signalton

Kitty *Telefonstimme*

Hallo, mum. I'm in a hurry. I'm gonna be there a little bit later. Sorry. Kitty.

Der Anrufbeantworter schaltet ab. Pause

Alma

Die ersten Jahre in Paris habe ich nur mit Schlaftabletten geschlafen. Und als auch die nicht mehr halfen, hab' ich mich jeden Abend bis zur Besinnungslosigkeit betrunken. - Nein, es hat keinen Sinn. Erklärungen haben keinen Sinn. All die Jahre... Diese furchtbaren Jahre... Aber schließlich gewöhnt man sich doch... gewöhnt sich an seine Schuld, wie an einen Ohrring, eine Prothese. Gewöhnt sich. Redet sich ein, dass alles vielleicht doch gar nicht so schlimm gewesen ist. Dass man ja auch aus einer gewissen Notwendigkeit, in einer Notsituation gehandelt hat. Überlistet sich selbst mit allen möglichen tröstenden Gedanken. - Wie hätte ich denn mit der Angst um Kitty fertig werden sollen?! Wie hätte ich mit dieser Schuld leben sollen? Wie?! Entweder sie oder du. Du hättest sie sehen sollen, wie sie hinter ihrem Schreibtisch gesessen und gegrinst haben. »Wir finden dich, und wir finden deine Tochter. Überall. Du wirst nie mehr Ruhe haben, das versprechen wir dir. - Also, überleg' es dir. Falschaussagen nützen dir nichts. Wir überprüfen alles. Der Einzelne hat zwei Augen, aber die Partei hat tausend Augen." Tausend Augen! »Die Partei hat dich gefördert. Dir ein Studium ermöglicht.« *Kurze Pause* Ich bin keine Heldin. Ich bin

Schriftstellerin. Damals war ich Anfang dreißig. Ich wollte schreiben.

Pause

Basilius

Du hättest mich warnen können.

Alma

Und woher sollte ich wissen, dass du nicht für sie arbeitest?

Basilius

Soll ich dir sagen, was aus Löffler und Schubert geworden ist? Wracks. Ich hab' sie nach ihrer Haft gesehen. Vernichtet. Ohne Antrieb. Nichts mehr. Schubert ist völlig durcheinander, spricht wirres Zeug, hat nur manchmal eine helle Minute. Ja, ich habe ihn besucht. Er saß in einem Lehnstuhl in der Veranda. Starrte in den Garten. Erkannte mich erst, als ich eine halbe Stunde neben ihm saß. Hallo, Basilius, das war alles, was er sagte. Dann nur noch starren. Leblose Augen. Lebendiger Toter. Und Löffler? Auch ihn, den ehemaligen Genossen, haben sie vernichtet. Wer nicht für uns ist, ist gegen uns. Löffler haben sie die Zähne ausgeschlagen, meine Liebe. Er hat nur noch eine Niere. Die andere haben sie ihm im Namen der Menschheit kaputtgetreten. Er hinkt. Und ist nun Nachtpförtner in einer Fleischfabrik. Löffler! DDR Meister im Volleyball. Einer der besten Lyriker! Kaputt. Ausgebrannt. - Auch das ist dein Werk. Auch ihn hast du auf deinem Gewissen. - Nein, keiner von uns ist ein Held! Auch wir wollten nur schreiben wie du. Nur du hast schreiben können, was du

---

wolltest, wir nicht. Dir haben sie deine kritischen Sachen nachgesehen, durchgehen lassen, mit denen du letztendlich berühmt geworden bist, uns nicht. Uns haben sie eingesperrt und vernichtet, während du mit deinem englischen Pass in Paris gelebt und geschrieben hast. Vor allem: gelebt hast. Mit gutem oder schlechtem Gewissen, wer weiß? Was spielt das auch für eine Rolle, wenn man draußen ist, lebt, schreiben, malen, reisen, trinken, essen, lieben und sich vor allem seine Schuldlosigkeit suggerieren kann? *Pause* Und ich habe mir, während meiner Knastzeit - sozusagen als Trost - deine Gedichte vorgesprochen. Ich Idiot. Durch meine Gedanken an dich habe ich überhaupt erst die Kraft aufgebracht, diese Hölle einigermaßen zu überstehen. - Wie das Leben so spielt. Das sind die Grotesken, die das Leben schreibt.

Alma

Ich bin eine Mutter. - Wie hättest du denn an meiner Stelle gehandelt? Los, sag' es mir? Wenn du dich in einen solchen Konflikt überhaupt hineindenken kannst.

Basilius

I.M. Semiramis bestätigte, dass sich Schubert mehrmals mit verschiedenen lateinamerikanischen und westdeutschen Dokumentarfilmern im Hotel Deutschland zu konspirativen Zwecken traf. Semiramis kannst nur du gewesen sein. Denn *Semiramis* ist eines deiner berühmtesten Gedichte aus *Lichtflecken*. IM Semiramis. Sehr sinnvoll.

Von ihren hängenden Gärten

schreitet Semiramis

im Orangelicht des Abends

hinab zu den Brunnen...

Dieses Gedicht habe ich besonders geliebt. Semiramis! Ja, das bist immer du für mich gewesen. Die stolze Semiramis. Nur hast du dich in keine Taube verwandelt, nein, du bist nun für mich zu einem Drachen geworden. Einem ekelhaften alten Drachen, der alles frisst und vernichtet, was ihm in die Quere kommt und sich nach Belieben zu verwandeln versteht. *Pause* Wenn ich dich so sehe - alt und verbraucht, erschöpft und verlebt, heruntergekommen, ohne Reue, ohne Schuldbewusstsein, nach fadenscheinigen Ausreden suchend, tust du mir eher leid. Ist das nicht komisch? - Nein, keine Daumenschrauben, kein Revolver, nichts von alledem, meine Liebe... *Kurze Pause* Ich werde dich subtiler vernichten, viel subtiler. Denn: was ist der körperliche Schmerz gegen den andauernden seelischen Schmerz?! - Nein, so einfach mach' ich es dir nicht. - Ich werde dich zermartern und zermürben. Ich werde dir alles nehmen, woran du hängst und was du liebst. *Springt auf, schreit plötzlich* Zerstören! Verstehst du? Zerstören!

Alma

Du hast zu viel getrunken.

Basilius

Das geht dich nichts an.

Alma

Das geht mich sehr wohl etwas an, wenn du bei mir zu Gast
bist.

Basilius

Zu Gast?!

Alma

Was denn sonst?

Basilius

Ich habe dich überrumpelt. Zu Gast! Wenn du gewusst
hättest, dass ich komme, wärst du mit Sicherheit verreist
gewesen.

Alma

Dennoch möchte ich nicht, dass du dich in meiner
Wohnung volllaufen lässt und nicht mehr weißt, was du
tust.

*Alma nimmt die Flasche vom Tisch, korkt sie zu, stellt sie
in einen Schrank und verschließt ihn.*

Basilius

Was würdest du beispielsweise sagen, wenn ich an ihre
Stelle träte?

Alma

An wessen Stelle?

Basilius

Wenn ich das wahr machte, was sie dir angedroht haben?

Alma *hat längst begriffen, was er meint*

Was angedroht?

Basilius

Wenn ich...

Er hebt den Arm, zielt auf Alma, die ängstlich zurückweicht.

Basilius

Was würdest du dazu sagen? Deine von dir so heiß geliebte Tochter Kitty... Das wäre doch nur gerecht. Auge um Auge, Zahn um Zahn. Das hatte ich dir doch versprochen. *Zielt wieder* Dann wäre dein Verrat...

Alma

Nein, das tust du nicht. Du nicht.

Basilius

Woher willst du das denn wissen? Der Knast hat mich hart gemacht, meine Liebe. Ich habe auch mit Mördern zusammen in einer Zelle gelegen. Mit allen möglichen Leuten, die deine Tochter für weniger als diesen Verrat umgebracht hätten.

Alma

Nein, das wirst du nicht tun, ich weiß es. Ich weiß es.

Basilius

Peng!

Alma *schreit, hält sich die Ohren zu*

Hör auf! Hör auf! Hör auf! Ich kann das nicht hören! Ich kann das nicht hören!

Basilius

Mein Leben ist gelebt. Ich habe nichts mehr zu verlieren. Ja, wenn ich noch schreiben könnte! Aber schreiben kann ich nicht mehr, will ich nicht mehr. Schlafen auch nicht. Nachts laufe ich herum. Rauche. Koche Tee. Und höre ihre Stimmen. Immer diese Stimmen. Manchmal zucke ich zusammen, weil ihre Stimmen so laut in mir sind, dass ich mir die Ohren zuhalten muss, obwohl es nichts nutzt. Ihre Stimmen... Ihre Stimmen... Nein, woran sollte ich noch hängen? Was meinst du? Das Einzige, was ich noch habe, was mich noch am Leben erhält, ist meine Rache. *Schreit* Rache! Wie du mir, so ich dir. Auge um Auge, Zahn um Zahn! *Kurze Pause* Jetzt, nachdem ich geerbt habe, sorglos schreiben könnte, ohne auf irgendwelche Ideologien und Marktgesetze Rücksicht zu nehmen, jetzt kann ich es nicht mehr, weil ich dauernd meine Daumen vor Augen habe, verstehst du das? Kannst du das überhaupt verstehen? Und außer Schreiben bedeutet mir das Leben nichts. Ich präsentiere dir die Rechnung, IM Semiramis. Man wird mich vor Gericht stellen. Und während des Prozesses werde ich die Wahrheit in die Welt schreien. Ein besseres Forum kann ich mir gar nicht denken.

Alma

Ich habe dich nicht verraten. Ich habe lediglich bestätigt, was sie ohnehin schon wussten. Sie wussten sogar, dass du bei Schubert eine Lesung gemacht hast, bei der Löffler und ich anwesend waren. Mit diesen Fakten haben sie mich konfrontiert. Sie hatten deine Gedichte in Fotokopien und haben sie mir unter die Nase gehalten.

Basilius

Ach.

Alma

Das ist die Wahrheit. Leugnen wäre zwecklos gewesen.

Basilius

Ich glaube dir kein Wort.

Alma

Wie ist es möglich, sagten sie, dass er so etwas schreibt? Warum wendet er sich plötzlich gegen uns? Wir haben ihn gefördert, die Armee erspart. Wir fragen uns, was wir falsch gemacht haben.

Basilius

Tatsächlich?

Alma

Tatsächlich, ja. Das haben sie gesagt. Wir fragen uns, was wir falsch gemacht haben.

Basilius *wie bei einem Verhör*

Woher wussten sie von der Lesung? Woher hatten sie die Fotokopien meiner Gedichte, die dann wieder verschwanden, obwohl sie doch alles akribisch aufgelistet und festgehalten haben? Merkwürdig, nicht? Nein, mysteriös. Alle Unterlagen, die dich entlasten könnten, verschwinden. Man könnte glatt glauben, dass sie dich im Nachhinein hereinreiten wollten. Doch welchen Grund sollten sie dafür gehabt haben, was meinst du?

Alma

Was weiß ich?! Ich weiß es nicht! Weiß es nicht! - Es gab ja auch noch andere, die zu deinem Zimmer Zugang hatten. Deine Wirtin Hackenroth.

Basilius

Auch sie wurde mit keiner Silbe erwähnt.

Alma

Mein Gott! Ich kann dir nur sagen, was ich weiß. Und ich schwöre dir, dass es so gewesen ist, wie ich's dir gesagt habe. *Pause* Nein, Kitty darfst du nicht anrühren. Ich bitte dich! Im Namen unserer einstigen Liebe...

Basilius

Liebe?

Alma

Natürlich habe ich dich geliebt...

Basilius

Und verraten.

Alma

Nein, das ist nicht wahr! - Wie hätte es denn weitergehen sollen mit uns? In dieser Situation? Ich hätte Kitty und Billy wahrscheinlich nie wiedergesehen.

Basilius

Und hättest vor allem keinen englischen Pass mehr gehabt, wenn du mich geheiratet hättest.

Alma

Der englische Pass!

Basilius

Hat dir immerhin die Freiheit ermöglicht...

Alma

Freiheit!

Basilius

Komm, komm, spiel das jetzt nur nicht herunter. Um deine Kinder ging es dir doch immer nur in zweiter Linie. Für dich gab es immer nur dich! Dein Werk. Deinen Ruhm. Dein ganzes Leben war nur immer darauf ausgerichtet. Ruhm. Anerkennung. Bestätigung. Für deinen Ruhm hättest du sogar deine Kinder verraten.

Alma

Das ist nicht wahr! Was erlaubst du dir?

Basilius

Im Vordergrund stand bei dir deine Selbstsucht. Du hast dich immer als Genie begriffen, das sich nimmt, was es braucht, ohne Rücksicht auf Verluste. - Wenn du deine Kinder so geliebt hast, warum bist du denn dann nicht bei ihnen in England geblieben? Mutterliebe! Dass ich nicht lache! Deine Tochter war damals vier, dein Sohn drei. Und sie haben dich höchstens zwei, drei Mal im Jahr gesehen. Wahrhafte Mutterliebe. - Du ekelst mich an.

Die Türglocke geht. Alma reißt das Fenster auf, wirkt hektisch. Es klingelt abermals. Alma weiß, dass es Kitty ist, die sie aus ihrem Konflikt heraushalten möchte.

Alma

Ja, ja, ich komm' ja schon! - *zu Basilius* Sie verträgt keinen Rauch. Sie wird wieder schimpfen.

Basilius bläst den Rauch seiner Zigarette ostentativ in die Luft.

Alma

Nun mach' schon deine Zigarette aus! - Bitte!

Basilius drückt die Zigarette aus. Alma nimmt rasch die Gläser vom Tisch und stellt sie in ein verschließbares Fach im Bücherregal.

Alma

Danke. Und bitte kein Wort von unserem Gespräch.

Es klingelt abermals, diesmal etwas länger.

Alma *mit gespielt fröhlichem Unterton*

Ich komme! Ich komme!

Sie überquert die Bühne, verschwindet im Flur.

Basilius

Scheiße.

Kurze Pause. Er schaut gespannt zur Tür. Dann springt er rasch auf, zieht ein Klappmesser aus der Hosentasche, betätigt den Klappmechanismus, läuft zur Telefonleitung, schneidet sie durch und setzt sich wieder.

Kitty *off*

Hallo, mum!

Alma *off, gespielt fröhlich*

Hallo, Kitty! Schön, dass du schon da bist.

Kitty *off*

Es hat ja so lange gedauert. - Was war denn los?

Alma *off*

Ich habe Besuch. Ganz überraschend. - Basilius Schmitt.

Kitty *off*

Basilius Schmitt?

Alma *off*

Ja, stell' dir vor.

Kitty *off*

Na, das ist ja wirklich eine Überraschung.

Alma *off*

Komm rein.

Basilius richtet sich auf, wirkt gespannt. Alma und Kitty herein. Kitty ist 31 Jahre, etwa einen Meter siebzig groß, schlank, schwarzhaarig. Eine sportliche Erscheinung. Eine Frau, die auf Anhieb Sympathien gewinnt; mitunter naiv, neugierig und sprunghaft ist.

Kitty *erfreut, herzlich*

Hallo!

Basilius *erhebt sich*

Hallo.

Man merkt sofort, er ist von Kittys Erscheinung beeindruckt. Kitty reicht ihm die Hand. Basilius sieht kurz Alma an, reicht dann Kitty auch die Hand.

Kitty

Es freut mich wirklich sehr, Sie endlich einmal kennenzulernen. Meine Mutter hat mir so viel von Ihnen erzählt.

Basilius

So?

Kitty

Es wird übrigens ein Junge, mum. Hat mir der Arzt heute gesagt. Ist das nicht toll?

Alma

Wirklich? - Na, da wird sich Jimmy aber freuen. Wie schön
für euch! Ein Pärchen. Genau wie Billy und du. – Ich
mach' dir einen Saft.

*Basilius scheint sich ob der Privatheit der Beiden nicht
ganz wohl in seiner Haut zu fühlen.*

Kitty

Billy hat mich vorgestern aus Burma angerufen.

Alma *aus der Küche*

So? - Braucht er wieder mal Geld?

Kitty *lacht*

Du weißt doch, wie er ist. Dass er das niemals zugeben
würde. Nein, er hat nur gefragt, wie es mir geht. Und vor
allem: Wie es dir geht. Er hat endlich deine *Stewards*
gelesen und ist ganz begeistert. - Es wär' so schön, wenn
Billy auch hier wäre. Dann wäre die ganze Familie wieder
zusammen.

Alma *off*

Außer deinem Vater!

Kitty

Ach! Der spielt doch gar keine Rolle mehr, mum. Jetzt hat
er eine Frau, die sogar jünger ist als ich.

Alma *off*

Waas? Woher weißt du das denn?

Kitty

Von Susan. Sie hat die beiden neulich im Park gesehen und beobachtet, wie sie sich - wie ein jungverliebtes Pärchen - geküsst haben. *Zu Basilius* Entschuldigung. Ich rede und rede, dabei...

Basilius

Nein, reden Sie nur...

Alma *off*

Ja, das ist wirklich merkwürdig! Sein Geld verdreht ihm noch völlig den Kopf.

Kitty setzt sich in den Sessel Basilius gegenüber, weist auf die Küche.

Kitty *flüsternd*

Hat sie etwa auch wieder geraucht?

Basilius

Geraucht? Nein.

Kitty *flüsternd*

Sie darf nämlich nicht und tut es immer wieder! Ihr Herz. Da kann man reden und reden... Aber jetzt scheint sie es doch allmählich gepackt zu haben, wenn sie bei so einem Ereignis...

Alma kommt mit einem Tablett herein, auf dem eine Karaffe mit Orangensaft und zwei Gläser stehen.

Kitty *trinkt*

Ah, das tut gut. - Wie schön, dass ich Sie endlich persönlich kennenlerne, Basilius. Ich darf doch Basilius zu Ihnen sagen?

Basilius macht eine Geste, dass es ihm nichts ausmacht, und zieht automatisch seine Zigaretten aus der Tasche.

Alma

Basilius, bitte!

Kitty

Meinetwegen können Sie ruhig rauchen. Ich möchte nur nicht, dass mum ...

Alma *zu Basilius*

Trotzdem könntest du ein wenig Rücksicht...

Kitty

Sie müssen unbedingt auch zu uns nach Long Island
kommen und von früher erzählen. Meinen Mann
interessiert das sehr. Außerdem lade ich einige
Schriftsteller ein...

Alma

Das wird nicht gehen, Kitty. Basilius muss morgen nach
Los Angeles.

Kitty

Nein, das müssen Sie umbuchen, Basilius. Das kommt
überhaupt nicht in Frage. - Wissen Sie, was großartig
wäre? Wenn Sie bei meinem Kleinen der Taufpate würden.
Das habe ich mir immer gewünscht. Wenn ich Ihre
Gedichte...

Basilius

Taufpate...?

Kitty

Ja, das wäre doch wirklich... und mein Mann hätte sicher
auch nichts dagegen. Das wäre doch großartig... dann
wären wir beide...

Alma

Kitty!

Kitty

Was ist denn, mum, was hast du denn?

Alma

Ich finde es unmöglich, dass du Basilius derart überfällst...

Kitty

Du bist wirklich komisch, mum. - Jetzt, wo er schon mal hier ist...

Alma

Das könnt ihr ja auch später noch besprechen.

Kitty

Ich habe mir so oft gewünscht, mit Ihnen zu reden, wenn ich Ihre Gedichte gelesen habe, Basilius. Manchmal habe ich mir ihr Foto auf dem Nachttisch meiner Mutter angesehen und mir gewünscht...

Basilius

Mein Foto....?

Kitty

Ja. Ihr Foto. Es steht ja noch immer auf dem Nachttisch. Auch in Paris hat es immer auf dem Nachttisch gestanden. Und wenn ich morgens aufgewacht bin... *Lacht* Eigentlich ist mir Ihr Gesicht viel vertrauter als das von meinem Vater...

Alma

Jetzt gehst du aber wirklich zu weit, Kitty!

Kitty

Warten Sie, ich hol' es mal.

Alma

Kitty, nein! Ich möchte nicht...

Kitty

Wieso?! Wenn er schon mal hier ist.

Alma wirkt verlegen, und Basilius klappt vor Überraschung die Kinnlade herunter.

Alma

Kitty!

Kitty zwinkert Basilius vertraulich zu

Kitty

Das braucht dir doch nicht peinlich zu sein, mum.
Allerdings sind Sie da noch ein...

Alma

Wo gehst du hin, Kitty?

*Aber Kitty ist schon aufgesprungen und zum Schlafzimmer
gelaufen.*

Alma

Kitty!

Kitty

Jetzt sei doch nicht so schüchtern, mum.

Basilius *zu Alma*

Was soll denn das? Das ist doch unglaublich! Einerseits...

Alma

Bitte, Basilius, bitte.

Basilius

...dieser Verrat. Dieser gemeine Verrat...

Alma

Bitte, Basilius, das können wir doch unter uns...

Basilius

andererseits mein Foto...

Alma

Ich habe dir doch gesagt...

Basilius

Gesagt! Gesagt!

Alma

Mein Gott... Jetzt ist doch nicht der Augenblick...

Kitty kommt aus dem Schlafzimmer und schwenkt das Foto, das in einem Stellrahmen steckt.

Kitty

Wahrscheinlich hätt' ich mich auch in Sie verliebt.

Basilius *sieht Alma an*

Dass du ausgerechnet dieses Foto...

Kitty

Wieso? Was ist denn damit? - Ich finde es schön.

Basilius

Ausgerechnet dieses Foto...

Kitty

Was haben Sie denn plötzlich?

Basilius sieht Kitty an.

Alma

Jetzt hör' doch auf, Kitty. Das ist ja unmöglich, wie du dich
aufführst.

Basilius *sieht Kitty immer noch an*

Dieses Foto habe ich Ihrer Mutter auf dem Leipziger
Hauptbahnhof geschenkt, bevor sie nach Paris gegangen
ist.

Alma

Diese alten Geschichten. Wir sollten jetzt wirklich...

Kitty

Aber wieso? Lass ihn doch, mum. Mich interessieren sie.

Alma

Da liegen jetzt siebenundzwanzig Jahre dazwischen.
Siebenundzwanzig Jahre. In denen einiges passiert ist.

Basilius steht auf, steckt sich eine Zigarette an.

Alma

Basilius!

Kitty

Lass ihn doch, mum, das ist doch jetzt egal...

Basilius *bläst den Rauch in die Luft*

Vielleicht lässt sich dieser Flug ja doch noch verschieben,
Kitty. Sie haben ganz recht, wenn ich schon mal hier bin...

Alma

Aber du hast doch gesagt, dass es dringend...

Kitty

Oh, das wäre wunderbar, Basilius. Mein Mann hat eine
Gästewohnung in Greenwich Village. Da könnten Sie eine
Zeit lang bleiben, wenn Sie wollen. Schreiben... Moment,
ich gebe Ihnen mein Kärtchen.

*Kitty springt auf und geht in Richtung Flur, in dem ihre
Handtasche hängt.*

Alma *flüsternd*

Sag' mir, was du vorhast?!

Kitty *kommt zurück*

Wenn sich die Hausangestellte meldet, brauchen Sie nur Ihren Namen zu sagen, und sie stellt Sie durch. Ich sage ihr Bescheid.

Sie gibt Basilius das Kärtchen. Basilius sieht es an.

Basilius

Kitty Bambridge. Ein schöner Name.

Kitty

Finden Sie?

Sie setzt sich wieder. Basilius steckt das Kärtchen ein.

Kitty

In vierzehn Tagen soll ja mein Porträt fertig sein. *Dreht sich zu ihrem Porträt um.* Ich find' es zwar ein bisschen düster, aber vielleicht hat meine Mutter damit eine bestimmte Seite meines Wesens getroffen. Manchmal bin ich nämlich schwermütig. Es fliegt mich einfach so an. Vielleicht, weil ich meine Mutter insgeheim beneide. *Sieht Basilius an.* Wie gern wäre ich Schriftstellerin geworden. Lyrikerin. Aber gegen meine Mutter komm' ich nicht an. Wenn ich meine Gedichte dann mit ihren vergleiche... Oder mit Ihren. - Sie haben so schöne Gedichte geschrieben, Basilius. Ich hab' sie immer wieder gelesen. - Vor allem: *Notturno.*

Lass diesen Traum.

Hüll dich ein,

nackt und weiß in dein Laken.

Im Garten erwarten sie dich,

hinter den Mauern.

Deine Eltern sterben im Schlummer.

Lass diesen Traum.

Geh.

Hinter den Mauern aus Lehm

erwarten sie dich mit dem Messer.

Kehr schnell zurück in dein Haus.

Lass diesen Traum.

Geh.

Ins Schlafgemach deiner Eltern

nackt und schweigend tritt ein.

Lauf schnell zu den Mauern.

Lass diesen Traum.

Spring hinüber.

Geh fort.

Welch ein Rubin brennt in den Händen dir

und brennt dein Laken schwarz?

Lass diesen Traum.

Geh.

...Und schlaf ein.

Kurze Pause

Kitty

Sie glauben gar nicht, wie oft ich dieses Gedicht vor mich hingesprochen...

Basilius

Dieses Gedicht haben sie mir auch vorgehalten, als sie mich...

Kitty

Vorgehalten...?

Alma

Basilius hat im Gefängnis gesessen, Kitty.

Kitty

Im Gefängnis? - Aber warum hast du mir denn nie davon erzählt?

Alma

Weil ich auch erst heute davon erfahren habe.

Kitty

Wie furchtbar! Davon müssen Sie unbedingt auch erzählen, wenn Sie uns besuchen. Die Leute hier haben ja gar keine Ahnung, wie es damals zugegangen ist.

Alma trinkt ihren Whisky aus, schließt dabei die Augen.

Kitty

Bitte, mum, trink doch nicht. Du weißt, dass es nicht gut für dich ist. Der Arzt…

Sie stößt versehentlich an Basilius Tasche. Verschiedene Papiere, ein Brillenetui und die Daumenschrauben fallen heraus.

Kitty *bemerkt die Daumenschrauben*

Was sind denn das für komische Dinger?

Basilius

Daumenschrauben.

Kitty

Daumenschrauben? Hat man die nicht im Mittelalter...?
Wo haben Sie die denn her?

Kitty betrachtet das komische Folterwerkzeug.

Basilius

Gekauft. Canal-Street. Ein besonders schönes Stück.
Allein die Ausführung der Schrauben, das Material...
Sehen Sie mal, mit wie viel Sorgfalt...

Alma

Basilius ist Sammler.

Kitty

Sammler? Von Folterinstrumenten? Das hätte ich nicht
von Ihnen gedacht, Basilius.

Basilius

Der Mensch ist voller Abgründe, Kitty.

Kitty

Das kann man wohl sagen.

Basilius verstaut Brillenetui und Papiere.

Alma

Ja, wir müssen dann wohl auch einkaufen, Kitty.

Kitty

Das können wir doch später noch machen. - Darf ich diese Daumenschrauben mal sehen, Basilius?

Basilius

Natürlich.

Basilius gibt ihr die Daumenschrauben.

Alma

Muss denn das sein?

Kitty

Es interessiert mich einfach.

Kitty betrachtet die Daumenschrauben.

Kitty

Seltsam. Was der Mensch sich alles ausgedacht hat, um einen anderen Menschen zu quälen.

Basilius

Ja, in dieser Beziehung ist er schon immer sehr erfinderisch gewesen. *Lockert die Daumenschrauben.* Hier kommt der rechte Daumen rein.

Kitty

Darf ich mal?

Alma

Kitty! Das ist doch nun wirklich geschmacklos!

Kitty

Aber mum. Was hast du denn? Basilius wird ja nicht gleich zudrehen, oder?

Basilius

Wer weiß?

Alma

Genug! Ich möchte nicht, dass in meiner Wohnung...

Kitty

Aber es ist doch nur ein Spaß, mum. - Dass dich das gleich so aufregt.

Alma

Mit solchen Sachen spaßt man nicht! - Pack diese Dinger wieder weg, Basilius, ich bitte dich.

Basilius

Ihre Mutter hat meine Leidenschaft für Folterinstrumente auch seltsam gefunden. - Stimmt's, Alma?

Alma

Können wir jetzt bitte von was anderem reden?!

Basilius

Legen Sie den Daumen ruhig mal hinein, Kitty. *Er fasst nach Kittys Hand, legt ihren Daumen hinein.* Sitzt.

Alma

Nein!

Kitty

Also, mum, du bist heute aber wirklich sehr nervös.

Alma

Pack sofort dieses Ding weg, Basilius, oder...

Basilius

Was?

Kitty

Mum! Das ist doch nur ein Spaß.

Basilius

Soll ich mal ein ganz klein bisschen?

Basilius dreht die Daumenschraube leicht nach rechts.

Kitty

Au!

Alma

Aufhören!

Basilius

Aufhören?! Jetzt fängt es doch erst an. Jetzt geht es doch erst los. Das war ja noch gar nichts. Nur eine sanfte Berührung.

Basilius hält Kitty plötzlich fest, dreht weiter zu.

Kitty

Ahhhh!

*Kitty will ihm die Hand entziehen, doch Basilius hält sie
fest.*

Kitty

Das hat jetzt wirklich wehgetan.

Basilius

Jede Drehung löst einen ganz bestimmten Schmerz aus.
Weil die Nervenenden im Daumen ganz besonders
empfindlich sind.

Alma

Genug. Jetzt ist es genug!

Kitty

Dann hat man Ihnen also auch...

Basilius dreht weiter zu; Kitty schreit

Basilius

Ja, mir auch, Kitty, mir auch. Sie haben sich einen Spaß
mit mir gemacht, als sie meine Sammlung entdeckt...

Kitty

Nein, bitte, Basilius... Bitte!

Alma *schreit*

Du hörst jetzt sofort auf. Das ist kein Spaß mehr. Sie ist doch vollkommen unschuldig...

Basilius dreht weiter an der Daumenschraube. Kitty schreit.

Alma

Basilius!

Basilius

Das Schlimmste kommt erst noch, wenn die Schrauben in die Nägel, wenn sie die Nägel... wenn sie richtig fest wie bei mir... Wenn sie ganz langsam immer fester... Langsam, ist das Geheimnis... Weil dann der Schmerz in seinen verschiedenen Stadien noch grausamer... So haben sie es auch bei mir... Dieser Psychopath! Hat es genauso bei mir…

Alma

Du bist der Psychopath! Du kannst mir doch nicht erzählen, dass sie dich mit Daumenschrauben gefoltert haben.

Basilius

Bis ich fast wahnsinnig, verstehen Sie, Kitty, bis ich fast wahnsinnig vor Schmerz...

Alma

Basilius!

Basilius

Um mich ein für alle Mal zu erledigen. Physisch und psychisch zu erledigen. Verstehen Sie? Verstehen Sie das, Kitty? *Kitty nickt ängstlich. Alma ist am Bücherregal.* Nur weil ich ein paar Gedichte geschrieben... die ihnen nicht gepasst... wegen eines gemeinen Verrats..., verstehen Sie, Kitty... diese Schmerzen, verstehen Sie? Verstehen Sie das?

Kitty

Natürlich verstehe ich Sie.

Alma

Sie hat nichts damit zu tun.

Kitty *schreit*

Was hast du ihm denn getan, mum?!

Alma

Hör auf, hör endlich auf, oder...

Basilius

Oder?

Alma

Hast du denn gar kein Herz mehr?!

Basilius

Herz? - Muss in Bautzen abhandengekommen sein, meine Liebe.

Kitty *schluchzt*

Ich versteh' das nicht, mum. Ich versteh' das alles nicht...

Alma zieht die Pistole aus der Schublade, richtet sie auf Basilius.

Alma

Loslassen! Sofort loslassen! Hände hoch! Los, los. Du hast es nicht anders gewollt. Du hast mich gezwungen. Wir hätten uns in Ruhe aussprechen können.

Basilius zieht die Daumenschraube nochmals an.

Kitty schreit.

Basilius

Da musst du mich schon abknallen. Das wird dir doch nicht schwerfallen, oder? Da du mich ja durch deinen Verrat schon einmal umgebracht hast, kannst du mich jetzt ja noch mal umbringen. Endgültig erledigen.

Alma geht einige Schritte auf Basilius zu.

Kitty

Tu es nicht, mum!

Alma

Er wird uns alle erledigen. Wenn wir ihm nicht zuvorkommen. »Auge um Auge, Zahn um Zahn«. Das hast du doch vorhin gesagt, nicht? »Auge um Auge, Zahn um Zahn.«

Basilius

Jawohl. »Auge um Auge, Zahn um Zahn«. *Er zerrt Kitty ein Stück zurück* Ich habe sie, vergiss das nicht, IM Semiramis.

Alma

Hör auf, hör endlich auf damit.

Basilius

Wenn du mich umlegst, ist es Notwehr. Du wirst kaum eine Strafe bekommen und bist deine Vergangenheit ein für alle Mal los.

Alma *geht noch näher an Basilius heran*

Schluss jetzt. Wenn du jetzt noch ein Wort sagst, knall ich dich ab.

Kitty

Basilius, bitte, Basilius, meine Mutter hat Sie geliebt, glauben Sie mir.

Alma

Sie wollten Kitty umbringen, wenn ich nicht für sie arbeite. Das habe ich dir gesagt. Ich habe dir gesagt...

Kitty

Mich?

Basilius

Gesagt! Und wo ist der Beweis? Der Beweis? *Schreit* Beweise?! Ich habe Beweise. Ich brauche nur mein Hemd aufzuknöpfen. Ich habe die Beweise der Akten, IM Semiramis. Du hattest einen englischen Pass. Du hättest weggehen, abhauen können. Aber du bist nicht weggegangen. Du hast lieber geplaudert und deinen

Geliebten Basilius Schmitt, den angeblich von dir so geschätzten Lyriker, ans Kreuz genagelt.

Es klingelt an der Wohnungstür. Kitty nutzt die Irritation, reißt sich blitzschnell los, stolpert über einen Sessel und fällt hin.

Alma

Du Dreckskerl.

Es klingelt abermals. Kitty schraubt die Daumenschrauben ab.

Alma

Du verdammter Dreckskerl. Wenn dem Baby was passiert ist... - Hast du dir wehgetan, Kitty? Hast du dir wehgetan? - Ich hatte dich so gebeten... Du bist zu weit gegangen, mein Lieber. Du hast den Bogen überspannt. Sie ist unschuldig. Was hat sie dir denn getan? Was?

Klingel

Basilius

Und ich? Was hatte ich dir getan? IM Semiramis gab bereitwillig Auskunft, dass...

Alma

Umdrehen. Gesicht zur Wand. - Ruf die Polizei an, Kitty, schnell. Reiß dich zusammen. Ruf die Polizei, schnell.

Damit wir ihn endlich loswerden und nichts Schlimmeres passiert.

Basilius

Das würde ich mir an deiner Stelle sehr genau überlegen. Weil dann dein ehemaliger Geliebter auspacken müsste. Deine ganze miese Vergangenheit ans Tageslicht käme. Ich sehe schon die Schlagzeilen vor mir. - Alles, wofür du dich all die Jahre abgeschuftet hast, plötzlich im Orkus. Ausgelöscht. Als hätte es dich nie gegeben. - Nein, du musst mich schon umbringen, wenn du dich nicht selbst umbringen willst. Weil du sonst deine Vergangenheit niemals loswerden wirst. Du musst mich schon ermorden, meine Liebe und anschließend die Lüge von der Notwehr in die Welt setzen. Das ist die einzige Lösung, deine einzige Chance: Mord. Schieß mich endlich nieder, dass es vorbei ist und du wieder auf Friedensdemonstrationen...

Kitty

Nein, mum, tu es nicht! Bitte!

Basilius

Du könntest es als Notwehr darstellen. Du wärst aus allem raus. Eine solche Chance kommt nie wieder. Nie wieder. Da werde ich aufpassen, darauf kannst du dich verlassen. Das solltest du bedenken.

Kitty

Nein. Tu es nicht, mum. Ich rufe jetzt die Polizei.

Alma

Du bleibst, wo du bist, Kitty.

Kitty

Wenn du wirklich unschuldig bist, mum...

Alma

Du bleibst, wo du bist, Kitty.

Kitty

Und wenn ich es nicht tue?

Alma

Du bleibst, wo du bist.

Basilius

Wenn du jetzt einen Fehler machst, werde ich dich umbringen, Semiramis. Du darfst jetzt wirklich keinen Fehler machen. Nur wenn du mich umbringst, bist du endlich frei. Denn ich bin ein Wahnsinniger. *Lacht* Ein Psychopath!

Kitty geht zum Telefon.

Alma

Stehenbleiben, Kitty.

Basilius

Bleiben Sie lieber stehen, Kitty. Sonst bringt sie Sie auch noch um. Denn Ihre Frau Mutter ist ein ehrgeiziger Mensch, der seine Arbeit und seinen Ruhm über alles stellt. Ein ruhmsüchtiger Mensch.

Kitty

Wenn du auf ihn schießt, mum, wirst du immer...

Alma

Er wird nicht eher Ruhe geben, bis er uns alle vernichtet hat. Hast du denn das immer noch nicht begriffen?! Ich kenne ihn, glaube mir...

Basilius

Sehen Sie, Ihre Mutter hat begriffen. Schnell begriffen. Sie hat immer schnell begriffen, wenn es um ihren Vorteil ging. Es gibt nur zwei Möglichkeiten. Sie oder ich. Nein, es gibt noch eine dritte. Wenn sie sich selbst... Ein Selbstmord macht sich immer gut. Dann wären Sie und ich fein raus, Kitty. Ich hätte meine Rache, und Ihr Leben ginge weiter wie immer. Nur dass eben Ihre Mutter...

Kitty

Nein, nein, nein! Das ist ja furchtbar. Das ist ja schrecklich. Hören sie doch auf, bitte, hören Sie auf...

Basilius

Du brauchst nur die Pistole an deine Schläfe zu setzen und abzudrücken. Für deine Tochter wäre das am besten, meine Liebe. Eine hundertstel Sekunde und aus. Ein Knall und du bist nur noch ein Haufen stinkendes Fleisch. Kadaver. Dreck, der verscharrt werden muss. Doch deine Bücher werden unbeschadet weiterleben. Auch das musst du bedenken. Deine Bücher, deine eigentlichen Kinder, werden unbeschadet weiterleben und von unverbrauchten, unschuldigen, jungen Menschen gelesen werden. Und man wird dich über deinen Tod hinaus bewundern. Dir vielleicht sogar ein Denkmal setzen. - Das solltest du dir wirklich überlegen.

Alma

Geh jetzt, Kitty. Schnell.

Kitty

Nein. Ich gehe nicht. Ich bleibe. Ich lasse dich jetzt nicht im Stich.

Alma

Du gehst jetzt. - Denk an dein Baby!

Kitty

Aber wenn ich jetzt weggehe, mum, wie soll ich dann...

Alma

Das hier geht nur noch mich und ihn etwas an. - Geh!

Kitty

Nein, mum, ich lass' dich nicht im Stich, ich möchte nicht...

Basilius

Mach' schon, Semiramis. Entscheide dich. Du siehst doch, wie sie leidet.

Alma

Halt die Schnauze, halt endlich deine Schnauze!

Kitty

Ich weiß, dass du unschuldig bist, mum. - Basilius, bitte... Wenn ich Sie bitte...

Basilius

Bitte? Zu schweigen, Kitty?

Alma

Bleib stehen, Kitty. - Geh' jetzt. Mach' es mir doch nicht so schwer.

Kitty

Nein, das lasse ich nicht zu, mum, das geht nicht, dass du zu einer... ich rufe jetzt die Polizei... *Will zum Telefon*

Alma

Dann erschieße ich mich. Vor deinen Augen. Willst du das?

Basilius

Jetzt liegt die Entscheidung bei Ihnen, Kitty. Ihre Frau Mutter oder ich.

Kitty

Nein! Nein! Nein!

Basilius

Und natürlich auch bei dir, meine Liebe, ob du dich selbst erschießt oder deinen einstigen Geliebten umbringst. Du würdest mir sogar einen Gefallen damit tun. Mich erlösen. Schieß mir meine Vergangenheit aus dem Kopf! Dass es endlich vorbei ist. Keine Gauck-Akten mehr, nichts mehr. Befreie mich von deinem furchtbaren Anblick und von dieser höllischen Welt. Mach schon.

Kitty

Nein, mum, bitte... bitte, mum, tu es nicht...

Alma

Du hörst doch, was er sagt, du siehst doch, wie er ist...

Basilius

Tod oder Leben. Wir müssen uns entscheiden, Kitty. Tod
oder Leben. Nur darum geht es jetzt.

Kitty rennt zum Telefon, nimmt den Hörer ab.

Alma

Leg den Hörer wieder auf, Kitty!

Basilius

Vergebliche Mühe. Kein Freizeichen, nur tödliche Stille.
Du siehst, ich habe an alles gedacht. Nein, wir müssen uns
jetzt entscheiden. Du oder ich. *Geht langsam auf sie zu*
Nun schieß doch. Schieß endlich!

Kitty

Nein, mum! Mum!

Alma

Keinen Schritt weiter!

Basilius *geht weiter*

Schieß endlich, du verlogenes Dreckstück. IM Semiramis.

Kitty

Mum!

Alma

Keinen Schritt weiter.

Basilius geht weiter auf sie zu.

Basilius

Elende Nutte. In Paris hast du dich sehr schnell getröstet.
Ich habe nachgeforscht. Ja, ich bin auch in Paris gewesen,
meine Liebe. Auf deinen Spuren. Serge. Pierre. Beide
Lektoren. Man muss sich arrangieren, um
vorwärtszukommen, nicht wahr?! Beine breit und durch,
nicht wahr, meine Liebe? Nicht wahr? Auch über Pierre
und Serge habe ich Berichte in den Akten gefunden...

Alma

Ich habe dich gewarnt. Jetzt ist es Notwehr. *Schreit
verzweifelt* Notwehr!

Kitty

Mum!

*Alma drückt ab und ist erstaunt, dass kein Schuss fällt. Sie
drückt wütend mehrmals ab.*

Alma

Aber das ist doch ... das ist doch ...

Kitty

Du hättest ihn umgebracht, mum. Du hättest ihn
umgebracht.

*Alma starrt auf die Pistole. Kann nicht begreifen, was
geschehen ist.*

Basilius

Haben Sie etwa was anderes erwartet, Kitty? *Zieht eine
Pistole aus der Tasche.* Du hättest es getan. Und ich kann
es jetzt ebenfalls tun. Denn diese Pistole hier ist geladen.

Kitty

Nein, Basilius, bitte.

Basilius zielt auf Alma.

Kitty

Basilius!

Basilius zielt weiter auf Alma, die langsam zurückweicht.

Alma

Mach' schon. Damit du endlich deine Rache hast. Bring
mich um.

Alma steht nun an der Wand, starrt Basilius an, der auf ihren Kopf zielt.

Kitty

Nein, Basilius, nein! Bitte! Basilius!

Ein Augenblick Stille. Basilius und Alma stehen sich Aug' *in Aug' gegenüber.*

Kitty

Nein, Basilius, nein.

Basilius dreht sich um, sieht zu Kitty, dann wieder zu Alma. Schließlich schwenkt er die Pistole und schießt auf Almas Selbstporträt. Herzschuss. Beide Frauen sind erstarrt. Basilius steckt die Pistole wieder ein, hebt die Daumenschrauben auf, geht zu seiner Tasche, sieht dann wieder Alma an.

Basilius *hebt die Daumenschrauben hoch*

Die lasse ich hier. Zu Erinnerung. *Legt die Daumenschrauben auf den Tisch.* Und stell auch mein Foto wieder auf den Nachttisch. *Geht zur Tür. Öffnet sie.* Das wär's dann, meine Damen. Fröhlicher Einkauf.

Basilius schließt die Tür.

Alma und Kitty sehen sich an.

Black-out

Von Isabella Kreim, ND

Draußen, in den Kinos, geht eine jüngere Generation bezaubernd ironisch mit DDR-Vergangenheit um: »Sonnenallee« oder »Helden wie wir«.

In Hans Drawes Drei-Personen-Stück »Der englische Pass«, das in der Werkstattbühne des Theaters Ingolstadt uraufgeführt wurde, führt die heutige Begegnung zwischen Stasi-Opfer und Stasi-Spitzel zu einer Abrechnung auf Leben und Tod. Regisseur Horst Ruprecht gelang mit seinen hervorragend intensiven Darstellern ein eindringlicher Theaterabend.

Vielen mag es ähnlich gegangen sein, als sie ihre Gauck-Akten einsehen und nachlesen konnten, dass sie von eigenen Verwandten oder engen Freunden bespitzelt und verraten wurden: naheliegend ist der Wunsch, endlich jene Person zur Rede zu stellen, die Vertrauen missbraucht und Freunde denunziert haben.

Hans Drawe

absolvierte das *Literaturinstitut Johannes R. Becher* in Leipzig. Er schrieb mehrere Film - und Fernsehdrehbücher für das ZDF, den NDR und HR, den Roman *Kopfstand* (Hoffmann & Campe), *Griebnitzsee* und die Novelle *Die Verführung* bei Tredition. Neben dem Lyrikband *Seelengesichter* Lyrik für Anthologien und *Auswahl 66*, Verlag Neues Leben.

Außerdem Hörspiele für verschiedene Sender der ARD und mehrere Theaterstücke, die in Berlin, Ingolstadt, Halle und Düsseldorf aufgeführt wurden.

Von 1968 - 1970 arbeitete er als Dramaturg bei der DEFA-Dokfilm und als freier Mitarbeiter für Dramaturgie an der Filmhochschule Babelsberg.

Nach seiner Flucht über die Mauer Außenlektor beim ZDF und von 1978 - 2005 Hörspielregisseur beim HR.

Deutscher Hörbuchpreis; Hörbuch des Jahres 2000; Preis der Bayrischen Theatertage für *Der englische Pass*; Bundesfilmförderungspreis für das Drehbuch *Ein Mädchen aus zweiter Hand*.

Ortsbesichtigung

59 Biogramme

Auszug aus dem Klappentext:

Das Buch „Ortsbesichtigung" stellt ein Sammelsurium schräger Typen in verschiedenen Lebensbereichen vor. Wie unter einem Vergrößerungsglas erscheinen ihre Schwächen und Stärken, ihr Versagen, ihre Neigung zum Betrug, ihre sexuellen Abartigkeiten, ihre Verlassenheit und Einsamkeit. Einige suchen beharrlich nach dem Sinn des Lebens, andere wieder lassen sich bewusst in den moralischen Morast fallen. Allen gemeinsam aber ist ihre existentielle Ratlosigkeit in einer fragwürdig gewordenen Welt.

OUT

Komödie

Auszug aus dem Klappentext:

Out in diesem Stück sind die Akteure, die die Gesellschaft nicht mehr braucht, die aber dennoch von einem neuen Lebenssinn träumen. Doch das Leben lässt sich leider nicht wie auf dem Reißbrett planen. Die Suche nach reiner stetiger Liebe kann in Prostitution enden und der Liebesbeweis mit Hilfe von Viagra tödlich verlaufen. Klischees, die bei einer solchen Handlung unerlässlich sind, werden durch ironische Songs konterkariert, um nicht ernst zu nehmen, was ernst zu nehmen wäre. Aber - wie bei Komödienüblich üblich – agiert unter der Folie der Heiterkeit die Ernsthaftigkeit. Zudem fordert dieses Thema unterhaltsame Seitenhiebe auf die Sexindustrie geradezu heraus.